MODELO DE MUJER

Copyright © 2006 por **Marta Meira**
Ilustraciones: copyright © 2006 por Angelique Bonnemaison
Todos los derechos reservados.

Ninguna parte de este libro puede ser reproducida o transmitida de ninguna forma o por ningún medio electrónico o mecánico, incluyendo fotocopia, grabación o mediante cualquier almacenaje de información y sistema de recuperación sin expreso permiso del autor.

Este libro es el primer volumen del Curso "MODELO DE MUJER", desarrollado y producido por **Marta Meira**.

Las metas y beneficios de este curso únicamente pueden lograrse mediante los esfuerzos dedicados por el estudiante.

ISBN-13: 978-1493567218

MODELO DE MUJER

MODELAJE de PASARELA

en

20 LECCIONES

MARTA MEIRA

A mis alumnas

INDICE

INTRODUCCIÓN..9
LA MODELO Y SU POSTURA....................................13
LA MODELO Y SU CAMINADO...................................19
EL MEDIO GIRO..27
  OCHO POSICIONES DE BRAZOS Y SUS VARIANTES..........33
  POSICIONES DE BRAZOS Y SUS COMBINACIONES...........53
LA MODELO EN LAS ESCALERAS.................................57
EL GIRO DIOR O FRANCÉS.....................................61
EXHIBIENDO ABRIGOS...65
LOS ACCESORIOS EN LA PASARELA..............................73
EXHIBIENDO PIELES..79
EXHIBIENDO JOYAS...83
LA MODELO EN LA PASARELA...................................89
POSES PARA FOTOGRAFIA......................................97
POSE BÁSICA...103
POSE CLÁSICA..107
POSE SOFISTICADA..111
POSE INFORMAL...115
POSE INOCENTE...119
POSE SEDUCTORA..123
POSE MODERNA..127
CONCLUSIÓN..131

INTRODUCCIÓN

Bienvenida al fantástico mundo del modelaje, de la moda, del glamour, de la abundancia económica y sobre todo al mundo de sus sueños. Un mundo que parece casi irreal visto desde afuera pero en el que se necesita seriedad, constancia, persistencia, buena salud y mucha responsabilidad.

Cualquier persona puede ser modelo sin importar edad, raza, sexo, altura, peso, elegancia o belleza. La televisión nos muestra todos los días gente de todo tipo promocionando artículos que en la opinión del creador de los mismos es la persona ideal para vender mejor su producto aunque no reúna las características de la imagen que se forma en nuestra mente cuando oímos la palabra: Modelo. Según el diccionario modelo significa: ***Ejemplo, persona ejemplar para imitar o copiar. Ejemplo ideal.*** El objetivo de este curso es crear en la estudiante el deseo de ser imitada y no el de imitar.

Este primer tomo del curso **MODELO DE MUJER** se concentra en la enseñanza de la técnica del modelaje de Alta Moda. En Francia esta modelo es llamada **MANNEQUIN VIVANT** -Maniquí Viviente-. Ninguna modelo comercial o de fotografía debiera catalogarse **completa** sin haber obtenido primero los conocimientos necesarios para convertirse en Mannequin, conocimientos que la capacitan para dedicarse a cualquier rama del modelaje aún si no posee los atributos físicos requeridos para el Modelaje de Pasarela.

Estos atributos físicos no se refieren a la belleza del rostro. No es necesario poseer lo que los entendidos llaman una "belleza clásica". Toda mujer es bella, solo debe saber cómo realzar su natural belleza. Este curso ha sido creado con el propósito de hacer conocer cómo hacen las modelos para lucir fabulosamente hermosas, cuando en realidad si uno las analiza notamos, por ejemplo, que tienen una nariz, que si es nuestra, la consideramos fea, o los ojos muy separados o la boca muy grande o muy chica, pero en las modelos o no se nota o es uno de los rasgos que las caracteriza como bellas.

Eileen Ford, la hacedora de las más famosas modelos del mundo decía que una aspirante a modelo debiera poseer lo que ella llama el "Factor X" –una magia interior imposible de definir, algo que la hace brillar delante de las cámaras, algo innato-. Personalmente estoy de acuerdo ya que creo que la modelo, como cualquier artista dedicado a otras artes **nace** con una capacidad de sobresalir en su propio arte. Sin embargo también creo que todo artista **necesita Escuela**, para aprender la mecánica que le permitirá expresar su innato arte que unido a la técnica hace vibrar las emociones de los espectadores.

En estas páginas se encuentran los conocimientos necesarios para que la estudiante pueda convertir sus sueños en realidad. Las cualidades físicas requeridas para ser una Mannequin Vivant se limitan a estatura y peso; debe medir un mínimo de 5'7" - 5'8" (1m 67 - 1m 68), debe ser delgada (no anoréxica o bulímica) con un peso adecuado a su estructura ósea.

Debe poseer hombros anchos, busto y caderas proporcionados (si ha pensado en aumentar su busto lamento desilusionarla, pues a pesar de la moda y la silicona, los grandes diseñadores siguen prefiriendo a sus modelos con busto naturalmente pequeño). La edad mínima requerida para trabajar como modelo o mannequin es de 18 años, pero con autorización de los padres o tutor puede comenzar su carrera a cualquier edad.

La carrera de modelaje es muy corta. La duración es de dos a diez años y a veces es más corta porque la profesión brinda oportunidades para escalar hacia otras expresiones del arte como el teatro, la televisión o el cine. Muchas de las famosas estrellas de Hollywood comenzaron su carrera en una pasarela de High Fashion.

Cualquiera sea su aspiración, este maravilloso curso será el impulso que la transportará a las puertas del éxito convirtiéndola en una verdadera modelo profesional.

Sin embargo, si su meta es nada más que enriquecer su personalidad y mejorar su imagen para adquirir seguridad en Ud. misma, también en éstas páginas encontrará todos los conocimientos que al ponerlos en práctica, la transformarán en lo que toda mujer anhela ser, un **Modelo de Mujer.**

LA MODELO Y SU POSTURA

Una buena postura es la base de la elegancia en los movimientos. Cualquier persona sana, de cualquier edad, puede mejorar o corregir defectos de su postura. Lo que realmente se necesita es un verdadero deseo y una actitud mental de constante observación y práctica hasta lograr que la correcta postura se convierta en hábito.

Fisiológicamente la postura natural de la columna es cuando las caderas están levemente más adelante que los hombros y no en línea recta con ellos.

Nuestro cuerpo ya está preparado naturalmente para esta postura. Si se aprendiera esto desde la primera vez que un bebé se sostiene sobre sus dos piecitos, no existiría gente con dolores de espalda y otros malestares comunes causados por una postura incorrecta.

Por supuesto ni el bebé ni la mamá tienen culpa de la mala postura. El bebé porque tratando de no caerse utiliza sus manitos, pies, y lo que pueda para lograr equilibrio y la madre, tan emocionada por el acontecimiento, lo que menos se le ocurre es pensar como será la postura de ese bebé cuando crezca. Pero cuando el bebé llega a la edad que Ud. tiene ahora es fácil corregir esos defectos para obtener una postura correcta. La gracia y flexibilidad que poseen las modelos se debe al dominio muscular logrado gracias a una postura saludablemente ideal.

A través de este curso Ud. puede mejorar no sólo su postura sino también toda su imagen.

Comenzaremos esta postura por la posición de los pies, que tienen que soportar todo el peso del cuerpo.

En Modelaje esta posición de los pies se llama **Clásica** porque además de soportar el peso del cuerpo con comodidad cumple la función de realzar elegantemente la figura. Por eso también es la favorita de los diseñadores de modas a la hora de dibujar sus creaciones.

- Coloque un pie delante del otro, depositando todo el peso del cuerpo en el pie de atrás. El pie de adelante debe quedar con el talón tapando la punta del pie de atrás. La rodilla de la pierna delantera debe cubrir la rodilla de la pierna de atrás.

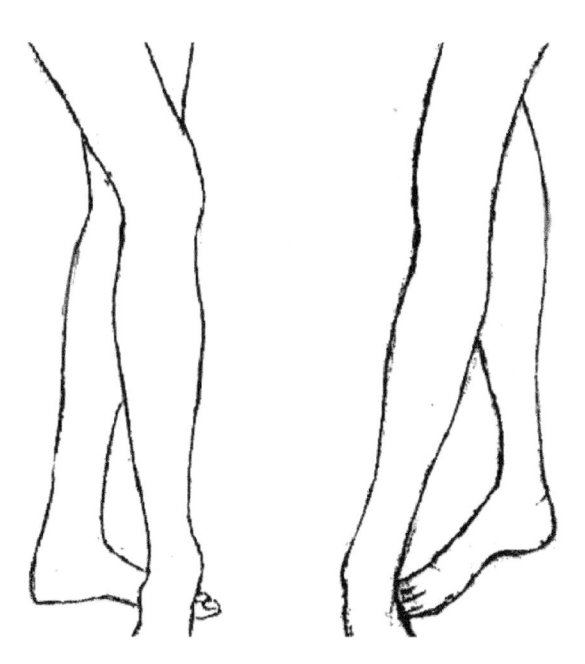

- Asegúrese de estar cómoda. Si tiembla o se tambalea es porque el peso del cuerpo no está depositado y descansando en el pie de atrás. Practique y repita hasta encontrar total comodidad en esta posición de los pies. Pruebe con ambos pies. Una vez el izquierdo atrás y otra vez el derecho.

- Mantenga los hombros en su lugar, deje que los brazos caigan naturalmente a los costados del cuerpo.

- Su cabeza debe estar derecha. Para ello levante la barbilla hasta que quede paralela al piso. Coloque un libro sobre la cabeza, le ayudará a mantenerla sin movimiento.

• Sin mover los hombros ni la cabeza, empuje sus caderas hacia adelante a la vez que contrae los músculos glúteos.

(Aquí debe hacer uso de su imaginación, pensando que una "cruel enfermera" está a punto de aplicarle una inyección en sus nalgas. Verá como instintivamente contrae los músculos glúteos empujando a la vez, su pelvis hacia adelante). Este movimiento permite que las caderas queden más adelante que los hombros. No debe sentir esfuerzo en ninguna parte de su cuerpo. Si al practicar esta nueva postura siente alguna molestia en la espalda, el estómago u hombros, significa que **no está realizando el movimiento correctamente**. Repita hasta lograr absoluta comodidad en esta posición.

Si no le **funciona** la idea de la inyección, pruebe con una segunda opción:

Apoye su cuerpo contra una pared y adelante sus caderas separando los glúteos de la misma dejando los hombros apoyados. Recuerde que no se trata de llevar sus hombros hacia atrás, sino de adelantar las caderas. Si siente alguna molestia significa que no está haciendo el movimiento correcto. Repita hasta lograr una sensación de comodidad.

Esta es la forma natural de mantener una postura sana y elegante no sólo para las modelos sino para todo ser humano. Las caderas levemente más adelantadas que los hombros permiten que la columna esté naturalmente derecha. Cualquier persona puede realizar este movimiento instintiva e involuntariamente. Observe cuando una madre sostiene a su niño en brazos o cómo los jóvenes colocan el cuerpo para bailar. Comprobará cómo, sin dificultad y sin pensar, se logra esta posición del cuerpo.

Importante: Sea sincera con Ud. misma y **no comience la próxima clase** hasta no sentir que domina a la perfección la postura del cuerpo incluyendo la cabeza, los hombros, la barbilla paralela al piso y la posición clásica de los pies.

Apuntes:

LA MODELO Y SU CAMINADO

En Europa, las modelos de pasarela se llaman "**Mannequin Vivant**" (Maniquí Vivo), precisamente porque eso es lo que son: maniquíes que caminan con ese andar tan especial que las caracteriza. Para ello se necesita Escuela, es decir entrenamiento. A través de este curso, Ud. tiene la escuela en la privacidad de su hogar, en los horarios que mas le convenga y sin gastar las exorbitantes cifras que demanda una Escuela de Modelos. Como todo, también el Modelaje ha sufrido algunos cambios en ciertos aspectos, pero positivamente ya que la técnica que se empleaba hace unos años en la forma de caminar se ha simplificado. En la actualidad no se requieren movimientos afectados para exhibir la ropa y los pasos de las modelos al caminar son más fáciles e informales.

Hoy los diseñadores de moda requieren que sus modelos sepan caminar "cruzado" aunque la colocación de los pies sea imperfecta. Sin embargo, para lograr esta imperfección es necesario saber primero lo perfecto.

Antes de comenzar con la clase es importante que observe cómo caminan otras personas a su alrededor y que se observe a Ud. misma objetivamente.

Con la excusa de la "vida moderna", la mujer de hoy parece no dar importancia a este aspecto de su persona, sin embargo la forma en que camina la gente, puede revelar no sólo el estado de ánimo, sino hasta su personalidad y su sentido de elegancia. Por suerte, también en este caso (como en la postura) cualquier persona sana de cualquier edad puede corregir su modo de caminar.

Esa manera de caminar tan atractiva, sexy y ultra femenina de las modelos tiene como base una técnica correcta de colocar los pies y de mantener el equilibrio del cuerpo...

Así que manos a la obra y empiece ya a dar sus primeros pasos hacia el brillante futuro que le espera.

Busque un espacio de unos tres pies de ancho y unos siete u ocho de largo (casi un metro por tres). Por supuesto si en su casa encuentra un espacio más ancho y más largo mucho mejor, pero un pasillo o corredor del tamaño indicado es suficiente. Coloque un espejo en uno de los extremos de la pasarela. En el centro y a lo largo del lugar donde va a caminar coloque una cinta adhesiva o trace una línea (si su piso es lavable) que vaya del extremo **A** al extremo **B** como indica el grabado...

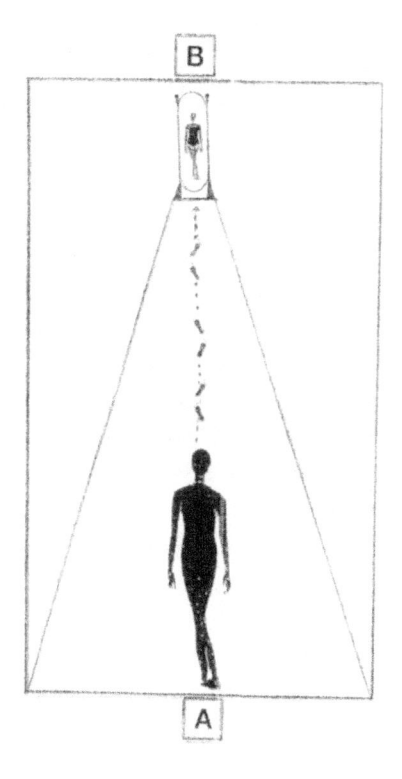

Esta línea en el centro de su pasarela, debe utilizarse como guía para colocar un pie delante del otro hasta lograr el balance necesario para caminar con naturalidad y elegancia.

En los primeros pasos se va a sentir como un equilibrista perdiendo el balance.

No se impaciente si no consigue resultados inmediatos. Caminar como una modelo es un arte que requiere esfuerzo, dedicación y práctica diaria.

- Use un calzado sin tacones o si lo prefiere haga el ejercicio sin zapatos.
- Relájese, póngase cómoda y dispuesta a dar sus primeros pasos hacia un futuro lleno de promesas.
- Párese en el extremo opuesto al espejo manteniendo la postura clásica.

- Revise los siguientes puntos: Cabeza derecha.
Barbilla levantada paralela al piso.
Vista fija en un punto a la altura de los ojos.
Hombros en su lugar, sin tensión.
Brazos laxos a los lados del cuerpo.
Caderas más adelante que los hombros.
Peso del cuerpo descansando en el pie que esta atrás.

PRIMER PASO:

- Transfiera el peso del cuerpo al pie que está adelante, al mismo tiempo que levanta el pie de atrás para dar el paso (1).
- Adelante la rodilla rozando una pierna con otra (2) hasta que el pie en movimiento quede delante del otro (3), apoyando primero el talón (4)

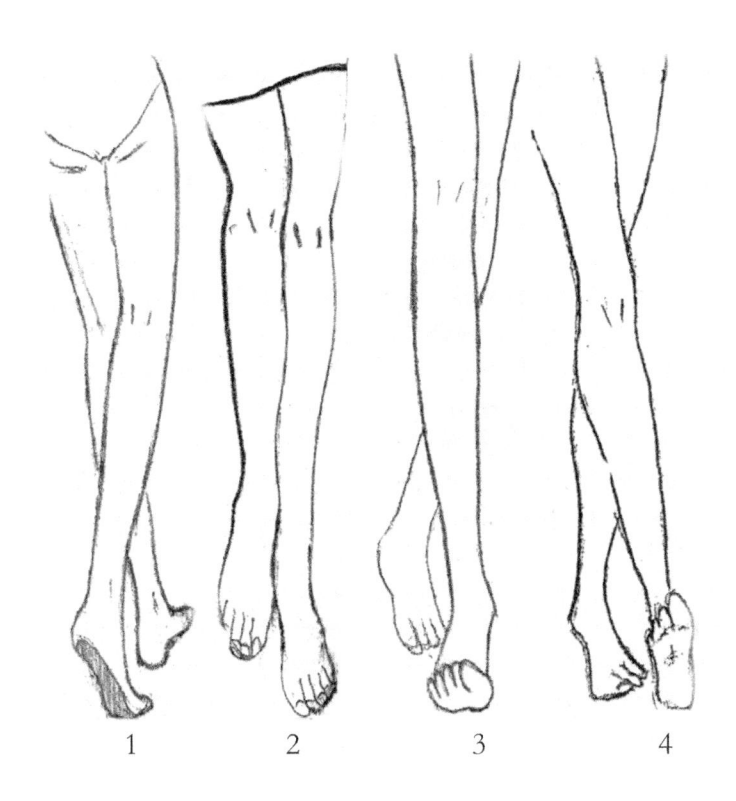

1   2   3   4

•	Comience el próximo paso repitiendo el proceso anterior, haciendo lo mismo en cada uno de los pasos siguientes hasta llegar al espejo y procurando mantener la postura del cuerpo sin mover los hombros ni la cabeza, tratando que a cada paso sus pies queden siempre uno delante del otro sobre la línea trazada en el piso.

•	Es importante insistir que en cada paso las piernas deben "acariciarse" una con otra desde la rodilla hasta los tobillos y cuando coloca el pie delante del otro, **siempre** debe apoyar primero el talón.

Cuando llegue al extremo **B** vuelva al punto de partida y nuevamente comience su paseo en dirección al espejo. Repita tantas veces como sea necesario hasta que pueda coordinar armoniosamente la posición del cuerpo con la posición de los pies y los pasos.

Realice cada paso de manera muy lenta. Esto fortalecerá los músculos que se han puesto en acción con este nuevo ejercicio y a su vez realzarán la belleza natural de pantorrillas, muslos y "derriere" ("pompis"). Seguramente en los primeros días de práctica sentirá algunos tironcitos en esos músculos.

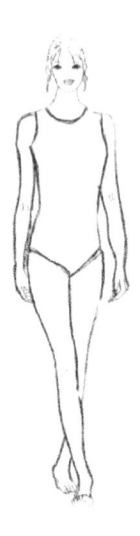

Practique quince minutos diarios todos los días, incorporando a su caminado regular todo lo aprendido en esta lección hasta que sienta que su nueva postura y su nuevo modo de caminar ya se han hecho hábito en Ud.

En muy corto tiempo obtendrá resultados tan asombrosos que no solo Ud., sino la gente a su alrededor irá notando el cambio que no será la ropa, ni el color del pelo, ni el maquillaje, sino su modo de caminar y la elegancia de su porte, condiciones que ya se habrán hecho parte de su personalidad, haciéndole lucir más esbelta y distinguida.

Apuntes:

EL MEDIO GIRO

Y a Ud. debe haber "dominado" el equilibrio al caminar y sus pasos deben ser más seguros y firmes.

Siga su práctica de caminado en "cámara lenta" aumentando la velocidad a medida que vaya logrando balance y naturalidad en su caminado. Hoy agregaremos a sus paseos el **Medio Giro**, realizándolo en cada extremo de la pasarela. Este giro es tan fácil que con toda seguridad Ud. lo hace varias veces durante el día de forma espontánea.

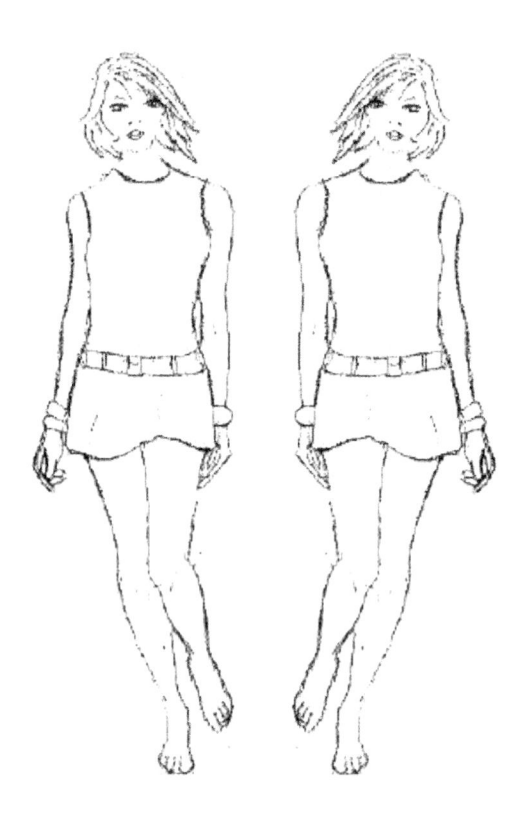

- Inicie su paseo acostumbrado partiendo desde el extremo "A" de su pasarela.

- Cuando llegue al extremo "B", sobre el paso, **pare**, sin mover los pies de su lugar y sobre las puntas, gire hacia el lado contrario al pie que está adelante.

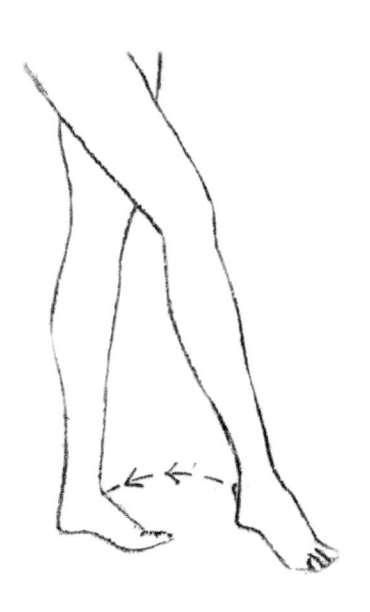

- Este es un giro de 180 grados, es decir que debe parar de girar cuando quede de frente al punto inicial del paseo. Asegúrese que sus pies queden nuevamente en la Posición Clásica y listos para dar el primer paso de regreso al punto de partida.

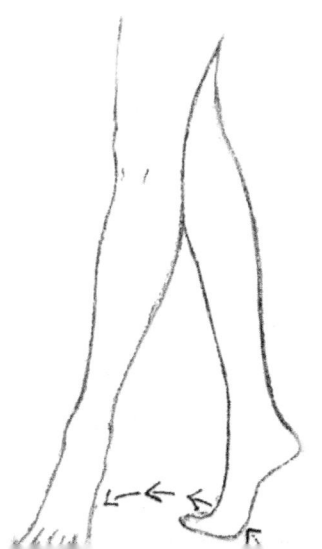

- Este paso se inicia siempre con el pie que está adelante y como es natural, apoyando primero el talón.

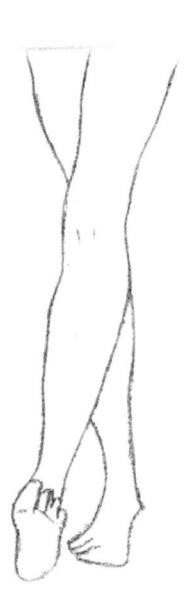

Practique el medio giro con su nuevo amigo: el libro sobre su cabeza. Si ya ha logrado caminar sin que se caiga, sea valiente y agregue un segundo libro. Esto la ayudará a controlar su balance cuando gira.

Si no logra "dominar" los libros, pruebe el siguiente ejercicio que es súper efectivo:

- Imagine que desde el extremo superior de sus orejas hay dos hilos perpendiculares hacia el techo sujetando su cabeza y estirando el cuello hacia arriba.

Sentirá que "como por arte de magia" todo su cuerpo se estiliza logrando ese porte de reina que no logró conseguir con los libros.

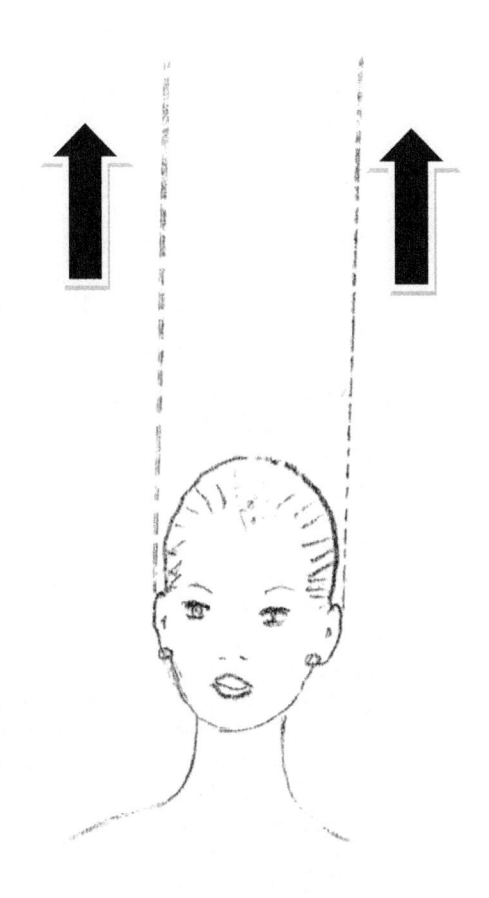

Practique este ejercicio en sus paseos. Algunas personas aseguran que da mejor resultado y es más cómodo que usar los libros.

Apuntes:

OCHO POSICIONES DE BRAZOS Y SUS VARIANTES

En esta lección ya se comenzará con el movimiento de brazos.

Existen ocho posiciones básicas de las cuales parten otras creadas por la necesidad o la actitud que demanda la ropa que se está exhibiendo. En esta clase, cada una de las posiciones está extensamente ilustrada para comodidad del estudiante.

Es tan importante conocer la posición de brazos y colocación de las manos que según el modo de colocarlos revela al instante si se trata de una Modelo Profesional o de una improvisada. Esta lección es larga y está dividida en dos partes para facilitar el aprendizaje. Las ocho posiciones básicas se deben aprender en una sola sesión. No se retire de su clase sin aprenderlas absolutamente <u>de memoria</u>. Comience con las variantes sólo después de conocer a la perfección las posiciones básicas.

PRIMERA POSICIÓN

Esta posición ya es conocida desde la primera lección. Los brazos deben caer laxos a los costados del cuerpo sin movimiento.

Las manos también deben quedar naturalmente relajadas sin tensión en los dedos.

Esta posición es la más usada actualmente por las súper modelos en las más importantes pasarelas del mundo.

Parece ser la favorita de los diseñadores porque el diseño del vestido se puede ver en todos sus detalles.

VARIANTES

Cada posición de brazos tiene una o más variantes. La diferencia consiste en la colocación de las manos, pues con los brazos se mantiene la posición original.

VARIANTE DE PRIMERA POSICIÓN

La variante de esta posición consiste en dejar que los brazos se muevan naturalmente, pero las manos toman una ligera dirección oblicua en el frente del cuerpo.

SEGUNDA POSICIÓN

La segunda posición de brazos es llamada **clásica**. Es una de las favoritas de los diseñadores al dibujar sus creaciones.

Se debe apoyar una mano en la cintura con los dedos siempre hacia arriba. Para ello la base de la mano debe descansar sobre el hueso de la cadera.

El brazo doblado debe quedar separado del cuerpo formando el asa de un jarrón. El otro brazo se deja relajado al lado del cuerpo como en la primera posición.

VARIANTES DE SEGUNDA POSICIÓN:

Las variantes de esta posición son tres:
- Colocar la mano en la cintura en forma de puño.

- Si hay un bolsillo entre la cadera y la cintura, la mano va dentro del bolsillo con el pulgar afuera.
- Se coloca la mano al revés de la posición original, es decir con los dedos hacia abajo por la parte de atrás de la cintura.

TERCERA POSICIÓN

La tercera posición de brazos es muy usada en fotografía de modas. Consiste en colocar los brazos suavemente curvos a lo largo del cuerpo. Las manos se apoyan delicadamente sobre los costados de los muslos.

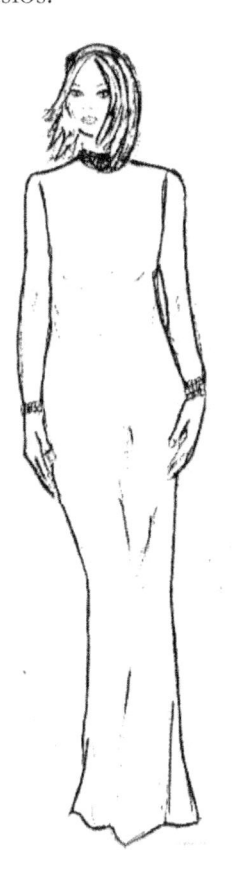

Esta posición no se usa para caminar. Es una posición para fotografías de modas.

VARIANTES DE TERCERA POSICIÓN

También aquí existen tres variantes:
• Dedos pulgares dentro de los bolsillos o detrás de un cinturón bajo.
• Sujetando los bordes de una chaqueta. Esta posición tampoco es adecuada para caminar pero sí para Fotografía Editorial o Catálogos.
• Las manos descansando en los bolsillos. Es una de las posiciones mas usadas en pasarela. Aquí los dedos pulgares quedan fuera del bolsillo

CUARTA POSICIÓN

La cuarta posición consiste en juntar las manos frente al cuerpo, a la altura de la cintura. Es una posición cómoda para usarla cuando no hay detalles que destacar en la cintura del vestido.

También es una posición muy usada en la vida privada cuando se está parada en una reunión sin nada en las manos y sin saber qué hacer con ellas.

VARIANTES DE CUARTA POSICIÓN

Esta variante se realiza cuando se usa una chaqueta abierta y las manos sujetan los bordes verticales de la misma a la altura de la cintura o sosteniendo un bolso u otro objeto con las manos juntas.

Otra variante es descansar los dedos pulgares en un cinturón o en la cintura de faldas o pantalones.

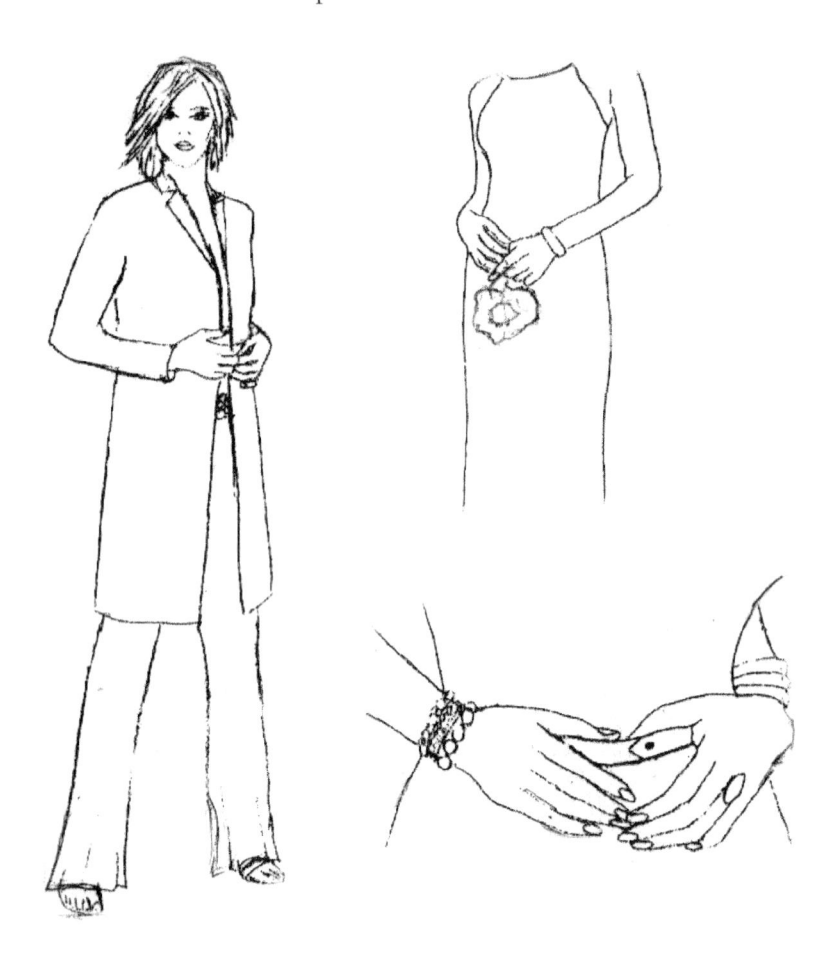

QUINTA POSICIÓN

La quinta posición de brazos es muy sofisticada.
Consiste en llevar los brazos hacia atrás del cuerpo y lejos de él, generalmente para ayudar a dar una sensación alada a vestidos vaporosos o para dar énfasis a mangas con detalles elaborados,

o como ilustran los dibujos para dejar ver el vestido en todos sus detalles.

VARIANTES DE QUINTA POSICIÓN

Las variantes de la quinta posición son dos:

• Extender los brazos a los costados y separados del cuerpo cuidando que las manos queden siempre por debajo del nivel de la cintura.

• La otra variante consiste sencillamente en juntar una mano con otra pero siempre en la parte posterior del cuerpo.

SEXTA POSICIÓN

La sexta posición de brazos es casi igual que la segunda. La diferencia es que en la sexta se utilizan los dos brazos y las dos manos.

Esta posición además de cómoda sirve para todo tipo de ropa: casual, sport, de vestir y gala.

VARIANTES DE SEXTA POSICIÓN

- Las manos en forma de puños, apoyadas con fuerza en la cintura.
- Las dos manos con los dedos hacia abajo.

- Una mano con los dedos hacia arriba y la otra mano con los dedos hacia abajo. Esta posición se llama **sofisticada**.
- Manos dentro de los bolsillos, cerca de la cintura. Pulgares fuera de los bolsillos

SÉPTIMA POSICIÓN

La séptima posición de brazos consiste en tener las manos en acción por arriba del nivel de la cintura, ya sea sosteniendo el cuello de un abrigo, arreglando el cabello, jugueteando con un collar o simplemente poniendo las manos en alto en señal de alegría o triunfo.

VARIANTES DE SÉPTIMA POSICIÓN

Las variantes de la séptima posición son dos muy especiales:

• La primera es cruzando los brazos, pero siempre dejando ambas manos a la vista. Es una posición muy usada en publicidad para mostrar relojes, pulseras, sortijas o simplemente uñas y manos.

•La otra variante es similar a la variante de la quinta posición: con los brazos extendidos y separados del cuerpo, pero con la diferencia que las manos deben quedar por encima del nivel de la cintura.

OCTAVA POSICIÓN

La octava posición de brazos también es muy fácil ya que es igual que la **cuarta**, pero sólo utilizando uno de los brazos doblado, con la mano en el frente del cuerpo a la altura de la cintura. El otro brazo queda sin movimiento a lo largo y al costado del cuerpo.

Esta es una posición muy elegante. Debe practicarla hasta sentirse naturalmente cómoda. El brazo no debe estar tenso sino relajado. También esta posición se usa en la vida privada.

VARIANTES DE OCTAVA POSICIÓN

Las variantes son iguales que en la cuarta posición, con la diferencia que en esta posición se trata de solo un brazo.

¡FELICITACIONES!

En este punto del curso, Ud. ya debe haber completado exitosamente sus ejercicios de Caminado, Medio Giro y Ocho Posiciones de Brazos con sus Variantes.

Hágase un auto-examen y si su calificación es **Buena, Muy Buena o Sobresaliente,** ya puede usar calzado con tacones. De hoy en adelante, sus prácticas diarias debe realizarlas con tacones altos. Comience con tacones medianos y vaya aumentando el alto del tacón a medida que adquiera equilibrio y seguridad en el andar.

No importa cuán difícil le resulte, una modelo debe saber "dominar" el calzado ya que hay ocasiones en que el único par de zapatos que hay disponible para el traje a exhibir, es ½ número ¡más grande o más chico! Este es uno de los inconvenientes de la profesión, pero calculando la remuneración y las ventajas que reporta este trabajo vale la pena entrenarse con anticipación. Reitero una vez más, **no pase a las próximas clases** si objetivamente su calificación es menor que Buena.

Apuntes:

POSICIONES DE BRAZOS Y SUS COMBINACIONES

L as posiciones de brazos se pueden combinar entre sí realizando una posición distinta con cada uno.

En esta página se ilustran algunas de las combinaciones más

3 - 7   4 - 3   2 - 3

populares. Trate de identificarlas a primera vista.

Si no las reconoce a primera vista es porque está apresurando su aprendizaje. Antes de haber llegado a este ejercicio es necesario saber **de memoria** las ocho posiciones básicas de brazos y sus variantes.

Al finalizar este nivel del curso debiera parecer una experta en Postura, Caminado y Posiciones de Brazos.

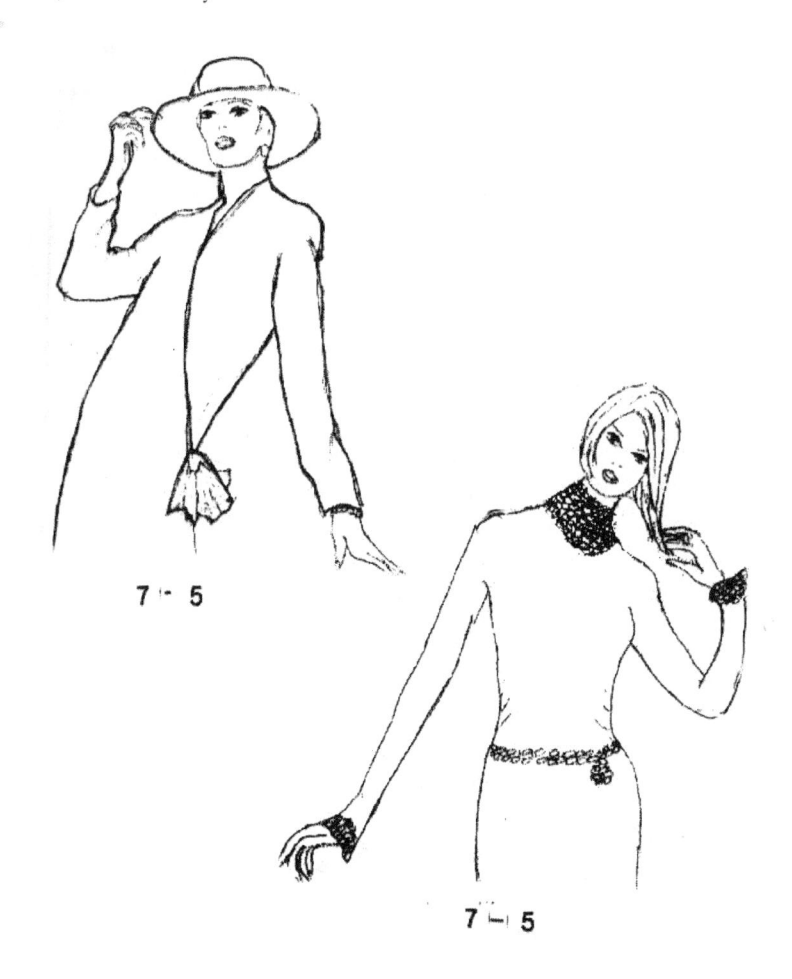

NO COMIENCE las próximas clases sin sentir que lo apren dido hasta ahora ya se ha hecho hábito formando parte de su personalidad.

Apuntes:

LA MODELO EN LAS ESCALERAS

Las modelos deben subir y bajar las escaleras de acuerdo a su forma de caminar. Es decir, rozando las piernas una con otra y colocando un pie delante del otro.

• Para subir, mantenga su cuerpo derecho. No se incline hacia adelante.

• No use la baranda para sostenerse. Suba y baje por el centro de la escalera.

• Suba los escalones colocando sólo la parte delantera del pie. La parte de atrás (el talón) queda en el aire.

• El pie delantero debe quedar "cruzado" con respecto al pie que va quedando en el escalón de abajo.

• Al descender cuide rozar las piernas una con otra, igual que al caminar. En este caso se coloca todo el pie en el escalón, apoyando primero la punta.

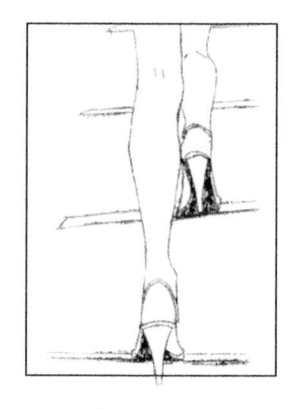

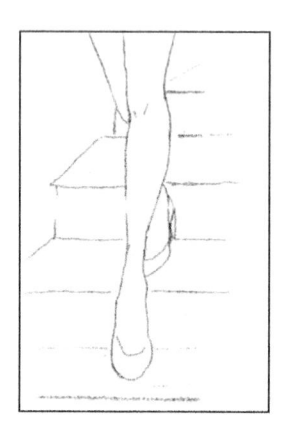

Practique este ejercicio todos los días hasta que sienta que subiendo o bajando escaleras luce tan elegante y sexy como cuando camina en una superficie plana.

Apuntes:

EL GIRO DIOR O FRANCES

Como el título lo indica, este giro fue creado por el famoso diseñador francés Christian Dior.

Se cuenta que el artista estaba observando como se divertía un grupo de niñas que jugaban en el parque. De pronto notó que uno de los juegos consistía en que cada niña giraba como un trompo sin mover los pies de su lugar y sin detenerse, después de la vuelta, proseguía su juego caminando sin transición. Pensando que si sus mannequins giraban de ese modo sus creaciones podrían apreciarse en toda su dimensión, decidió instruir a sus modelos para que realizaran este giro en las pasarelas al exhibir sus colecciones. De allí su nombre y su popularidad.

Veamos la técnica:

Durante su caminado, sobre las puntas, gire hacia el lado opuesto al pie de adelante, hasta completar una vuelta de 360° (es decir hasta que vuelva a quedar en la dirección que traía antes de girar). Sin detenerse debe seguir caminando.

• Comenzando el giro con el pie derecho adelante, se gira hacia el lado izquierdo, sin mover los pies de su lugar.

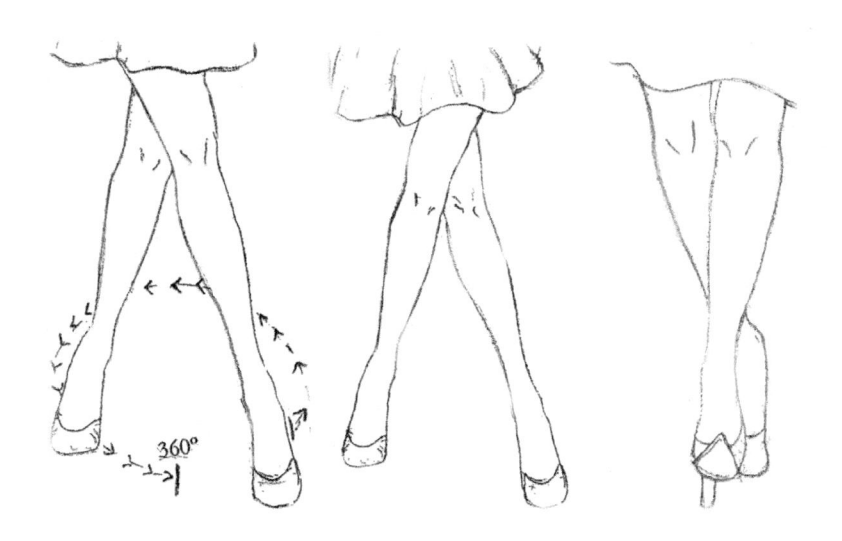

• Al completar el giro quedará el pie izquierdo adelante, con el cual proseguirá el caminado.

Actualmente en exhibiciones de "Alta Moda" no se están usando giros. Sin embargo es necesario aprender este giro a la perfección pues, para demostrar sus conocimientos ante un diseñador, saber girar es tan importante como saber caminar.

Apuntes:

EXHIBIENDO ABRIGOS

En esta lección se aprenderá como quitar un abrigo correctamente.

Cuando se exhibe un abrigo en conjunto con un vestido o pantalón, se deben mostrar las dos prendas: primero el abrigo, que se quita en pasarela y luego lo que se lleva debajo del abrigo.

- Si el abrigo tiene botones (generalmente los tiene) se desabrocha de abajo hacia arriba. Es decir se comienza por el último botón terminando por el que está más cerca del cuello.

- El modo femenino para des abrochar es usando las dos manos. utilizando sólo los dedos índice y pulgar de cada una y dejando los demás dedos cerrados sobre la palma.

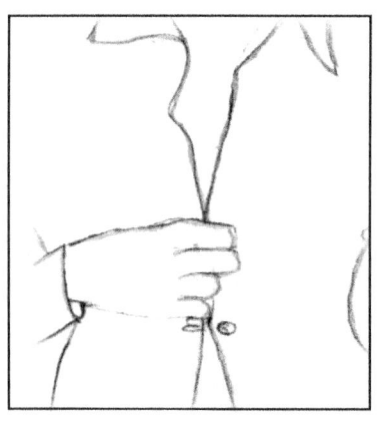

- En la actualidad se acepta usar una sola mano para desabrochar, que es el modo masculino de hacerlo.

Es menos complicado y más rápido, pero tanto el hombre como la mujer deben desabotonar de abajo hacia arriba.

Al aparecer en pasarela el abrigo o chaqueta debe estar correctamente abotonado.

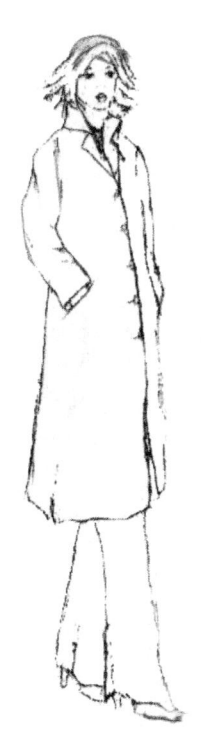

- Antes de desabotonar se señalan los bolsillos colocamdo las manos en ellos.

- Para mostrar el cuello se usa una séptima posición de brazos levantando el cuello o las solapas.

- A veces hay que mostrar el forro abriendo el abrigo con una mano. Esto se hace sólo si el diseñador así lo requiere.

- Debe mostrar parte de la prenda que está debajo del abrigo. Para ello use la segunda posición de manos.

- Todos estos "detalles" deben hacerse sin nervios y sin prisa en el primer tramo de la pasarela y antes de quitar el abrigo.

QUITANDO UN ABRIGO EN SEIS TIEMPOS:

1. Con las dos manos sostenga las solapas del abrigo y llévelo hacia atrás de los hombros.

2. Junte sus dos manos detrás del cuerpo y a la vez, con la mano "A", sostenga los dos puños por el borde.

3. Deje caer el abrigo sobre sus manos. La mano "A" no debe soltar los bordes de los puños.

4. Sin soltar los bordes de los puños tire la manga del brazo "B" dejándolo libre.

5. Transfiera los bordes de los puños de la mano "A" a la mano "B" liberando el brazo "A". Lleve el abrigo hacia delante del cuerpo

6. Busque el centro del cuello, que debe estar al alcance de la mano "A" y sosténgalo por el cuello a la vez que la mano "B" suelta – por fin – los puños del abrigo quedando el cuerpo libre del abrigo.

- Lleve su mano "B" hasta su hombro "B" dejando que el abrigo cuelgue por detrás del hombro a lo largo del cuerpo sostenido con su mano "B".

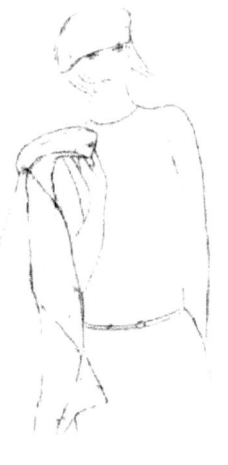

• Practique este ejercicio hasta que sea una experta y no tenga necesidad de pensar cómo ni cuántos son los tiempos.

La acción de quitar el abrigo no debe exceder de 20 segundos pero los movimientos no deben ser bruscos ni acelerados y por ningún motivo debe parar su caminado mientras los realiza.

• El paseo en pasarela dura escasamente un minuto dependiendo del largo de la misma y del ritmo que se haya estipulado de antemano.

• El abrigo en la mano se lleva al hombro o si el diseñador lo permite, arrastrando detrás del cuerpo usando una quinta posición de brazos.

Apuntes:

LOS ACCESORIOS EN LA PASARELA

E n las pasarelas no es muy común el uso de accesorios.
Sin embargo a veces, carteras, anteojos de sol, paraguas, sombreros o guantes forman parte del atuendo y deben ser usados como parte del todo y no individualmente.

Estos accesorios se llevan con naturalidad, concentrando toda su atención en el traje que siempre es la principal atracción de la exhibición.

Carteras: Se llevan con la misma naturalidad que en su vida privada.

Paraguas: En pasarela, se usan naturalmente apoyados sobre un hombro, o sosteniéndolos con una octava posición de brazos.

Por supuesto los paraguas pequeños tan cómodos en la vida privada no se usan en pasarela.

Anteojos de sol: Se usan puestos, sobre la cabeza o colgando del escote. En algún punto del paseo se los puede llevar en la mano, recordando que lo que se exhibe es el vestido y no los anteojos.

Sombreros: Debe mantenerse puesto, siempre calzado hasta el nivel de las cejas.

Guantes: Si no se llevan puestos deben sostenerse en una mano con los dedos de los guantes asomando por el hueco que se forma entre su dedo índice y pulgar.

Nunca debe usarse un guante puesto y el otro no.

LOS GUANTES SE QUITAN EN SEIS TIEMPOS

- Lleve sus manos a la altura del busto (como una 7ª posición) con las palmas hacia su cuerpo.

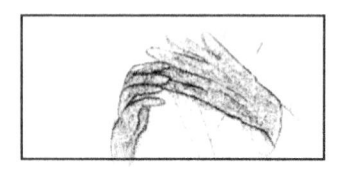

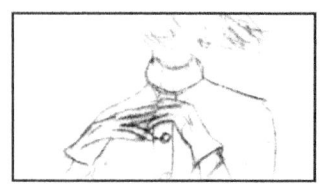

- "Afloje" los dedos de una mano, empezando por el dedo meñique, luego el anular, el mayor, el índice y por último el pulgar. Estos son los primeros cinco tiempos.

• En el sexto tiempo tire de los dedos del guante "aflojado" y deje la mano libre del guante

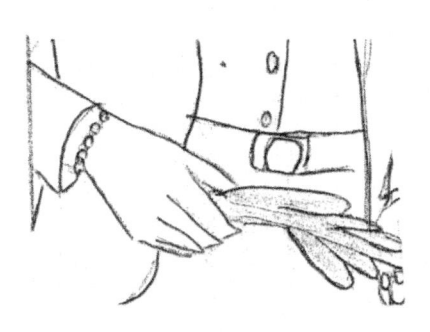

• Sostenga el guante quitado con los dedos hacia arriba, en el hueco que se forma entre el índice y el pulgar.

• Repita los 6 tiempos para quitar el otro guante y sostenga los dos juntos como se indica en las ilustraciones.

Practique este ejercicio hasta que pueda quitarse los guantes correctamente. Los movimientos deben ser tan naturales e inadvertidos como respirar.
En su práctica diaria de modelaje incluya guantes quitándoselos en la pasarela, hasta que ni Ud. misma se dé cuenta **en qué momento** los quitó.

Apuntes:

EXHIBIENDO PIELES

En el mundo de la moda aún existen fabricantes y diseñadores que parecen estar ajenos a la tecnología moderna, ignorando los materiales sintéticos que tienen la capacidad de imitar a la perfección la apariencia y textura de cualquier fibra natural.

A pesar de los incidentes provocados por organizaciones en protesta al abuso y crueldad hacia los animales, la industria peletera sigue indiferente a estos reclamos y todos los años se organizan shows contratando modelos para la exhibición de pieles. Por supuesto las modelos tienen absoluta libertad de rechazar estas ofertas sin que eso perjudique su profesión. En ningún caso las modelos están obligadas a exhibir prendas que no estén de acuerdo a sus esquemas morales.

La autora de este curso está plenamente identificada con las organizaciones protectoras de animales y en total desacuerdo con el sacrificio de estas preciosas criaturas con el fin de satisfacer la frívola vanidad humana.

Sin embargo como el propósito de este curso es enseñar a exhibir prendas de vestir independientemente del material de confección, prosigamos con el objetivo que nos ocupa.

Obviamente las pieles son prendas de abrigo y ya hemos visto en la lección N° 8 cómo se desabotonan y quitan abrigos. El procedimiento de desabotonar y quitar es el mismo sólo que algunos abrigos de piel no tienen botones y en ciertos casos no se quitan en pasarela.

La diferencia principal es mostrar que es muy grato "estar dentro" de este abrigo. Una simple manera de mostrar esta actitud es moviendo su cabeza acariciándose el rostro con el cuello del abrigo.

Si se requiere quitar el abrigo en pasarela, por lo general se lleva arrastrando detrás del cuerpo, utilizando una quinta posición de brazos. Del mismo modo se sostienen capas o estolas de este material.

Apuntes:

EXHIBIENDO JOYAS

L as exhibiciones de joyas no son frecuentes debido a las restricciones y condiciones impuestas por las compañías de seguro que exigen una seguridad extrema por el alto riesgo que significa un show de este tipo. Estos shows son muy privados. El público asistente es muy seleccionado, limitado sólo a la clientela fija.

En algunos de estos shows no se requiere la presencia de mannequins, sino que los mismos vendedores vestidos de gala presentan a los clientes unas "bandejas" de terciopelo negro donde reposan las joyas exhibidas.

Cuando en las exhibiciones participan modelos, los shows de joyas tienen otro dinamismo. Las modelos ataviadas en vestidos o "maillot" negros se convierten en verdaderos escaparates vivientes. A veces llenas de joyas hasta los tobillos.

El vestido o "maillot" que usan las modelos es parte del "equipo de trabajo" de la modelo. La versión más moderna de este atuendo es un "maillot" negro a veces acompañado de un turbante del mismo color que oculta el cabello, precisamente para no distraer la atención de las joyas. Si no se usa el turbante, la modelo debe usar el "peinado mannequin" que es estirado hacia atrás y recogido en un sencillo "chignon".

Los organizadores del show deciden la forma en que se modelaran las joyas. En algunos casos los shows son espectaculares.

Las modelos enfundadas en esos trajes, con movimientos y pasos de bailarinas, con luces que favorecen el destello de las piedras preciosas, convierten la exhibición en un espectáculo digno de admiración. El arte de la modelo es hacer resaltar más aún, la belleza de las joyas.

¡FELICITACIONES!

Hoy Ud. ha superado el nivel intermedio para pasar al nivel superior. Insisto en la necesidad de seguir practicando cada día usando su creatividad en cada paseo y utilizando todo tipo de prendas. La técnica que Ud. ha aprendido en estas clases debe ser enriquecida por su estilo personal. No copie a nadie, vuelque su verdadera personalidad sobre esta técnica y se convertirá en una **modelo única** con un estilo personal que solo Ud. posee.

Apuntes:

LA MODELO EN LA PASARELA

Felicitaciones! Comenzar con esta clase significa que ya ha completado todas las lecciones anteriores y con los conocimientos adquiridos Ud. está lista y segura para emprender su primer Fashion Show. Efectivamente Ud. hoy debutará haciendo su primera exhibición de modas, poniendo en práctica todo lo aprendido hasta ahora.

Para ello vaya hasta su "closet" y elija dos o tres conjuntos de ropa que le parezcan interesantes.

Hoy sus invitados solo estarán en su imaginación. Tan pronto como adquiera seguridad absoluta podrá invitar a un grupo de amigos y parientes para que presencien su Fashion Show. Entre la ropa que eligió para modelar busque un abrigo con botones para que lo desabotone y lo quite en la pasarela. Ya debe saber hacerlo en menos de 30 segundos ¿Verdad?

COMENCEMOS:

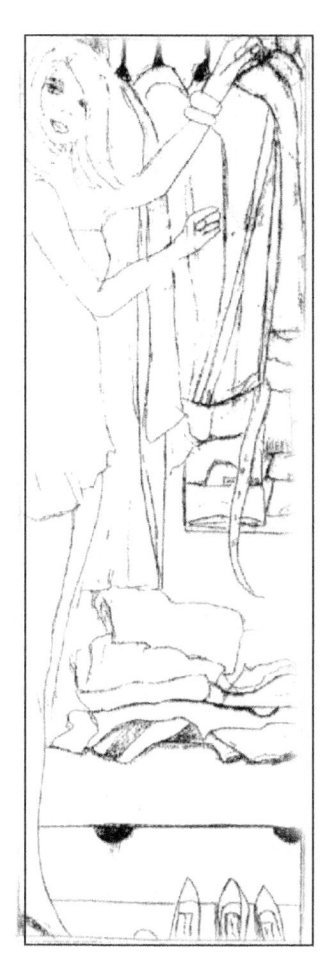

- Use la habitación que esté más cerca de su "pasarela" como camerino, donde pondrá los trajes elegidos con sus correspondientes zapatos y accesorios.

- Deje la ropa de modo que sea fácil de alcanzar y que se vea a primera vista.

Arregle su cabello y maquillaje como si realmente fuera a enfrentar a un público exigente y desconocido.

- Vístase con su primer traje usando todos los elementos que lo adornen, por ejemplo: aretes, collares, pulseras u otros accesorios.

Si Ud. usa reloj en su vida privada, quíteselo pues en los verdaderos Fashion Shows, la modelo no debe usar prendas personales.

- Revise que esté todo listo y salga segura de Ud. misma con un porte de reina, a enfrentar a su público imaginario.

- Debe ignorar aspectos ajenos a su real objetivo que es: **mostrar la ropa que está usando**. En su mente no deben existir pensamientos como "¿qué pensará el público?", "¿Me veré bella?", "¿Le gustaré a mis padres o a mi novio?". Su pensamiento debe concentrarse sólo y únicamente en el traje que está modelando.

Por suerte en los verdaderos Fashion Shows, la luz de los reflectores está sobre la modelo y no hay posibilidad que pueda ver quién es quién entre el público asistente, lo que es muy ventajoso para que la modelo sólo concentre su atención en el traje que está exhibiendo.

- Si bien en la actualidad el paseo de la modelo se limita sólo a una ida y vuelta, le sugiero que Ud. haga su desfile más difícil, efectuando algún giro francés y un par de medios giros durante su exhibición. Use las posiciones de brazos que crea convenientes. Este es su Show y cuanto más lo complique, mejor. Así, cuando tenga que desfilar para diseñadores exigentes no le costará ningún esfuerzo hacer lo que le pidan.

Si al regresar de su paseo no está conforme con lo que hizo, vuelva a su "camerino" y sin cambiarse de ropa repita el paseo hasta que esté conforme con el resultado.

• De regreso al camerino, cámbiese rápido al próximo traje sin olvidar cambiar los zapatos y accesorios. La ropa que se quitó déjela donde "quede". Ahora no tiene tiempo de arreglarla. En los verdaderos Shows siempre hay ayudantes que recogen la ropa que queda tirada, ya que a veces la modelo debe salir inmediatamente a escena. (En estos casos no se debe tardar más de 30 ó 40 segundos en el acto de cambiarse.) Cuando hay muchas modelos sobra tiempo para poner en orden el desorden anterior mientras espera por su próxima salida.

• Con su nuevo traje, que debe ser un estilo distinto al anterior, Ud. notará que su actitud también será diferente porque además de la seguridad adquirida por la experiencia anterior, el estilo del traje le inspirará otra actitud y otro ritmo a su caminado. Por ejemplo, no es lo mismo caminar con tacones altos y falda ajustada que caminar con una falda amplia y sandalias sin tacones. También será distinta la actitud que inspira caminar con un traje de gala. El sólo hecho de concentrar su atención en la ropa que tiene puesta produce el cambio en su modo de modelar cada traje.

• Cuando dé por terminado el Fashion Show, ponga toda su ropa en orden para repetir esto al siguiente día. De ahora en adelante deberá repetir estas prácticas todos los días hasta que crea que está lista para organizar un Fashion Show para sus familiares y amigos. No compre nada nuevo. No gaste innecesariamente. Estoy segura que en su guardarropa encontrará más de lo que necesita para estas prácticas.

• Ignore comentarios, opiniones o críticas de quienes no han estudiado con Ud. Estas críticas nunca son objetivas ni tienen relación con el verdadero propósito de su meta. Recuerde que la crítica más exigente y valedera **es la suya.**

MODELAJE DE ALTA MODA

Los grandes artistas de la moda son criaturas muy refinadas, con exquisito buen gusto, y muy exigentes a la hora de elegir las modelos que lucirán sus creaciones.

Modelar para estos creadores es un privilegio porque ellos a su vez expresan una gran admiración y respeto por las mannequins que exhiben sus diseños.

Es importante señalar que durante las pruebas (antes de un show) la modelo debe comportarse exactamente como indica su nombre en francés: un "Maniquí Viviente". Esto quiere decir que tiene movimiento pero no tiene voz, ni opinión, ni gusto personal. Sin hablar debe subir, bajar, dar vueltas o quedarse inmóvil por largos minutos según cómo el diseñador lo necesite. En estas pruebas la mannequin es sólo un delicado objeto del artista y su asistente.

Muchas veces una idea original de un diseño se cambia por el solo hecho de verlo sobre la silueta de la modelo.

Apuntes:

POSES PARA FOTOGRAFIA

En el mundo del modelaje existen varias especialidades. Todas dependen de la fotografía. La modelo de publicidad no tiene que ser necesariamente bella, pero sí tiene que poseer lo que los entendidos llaman **fotogenia.** Esto significa que las fotos reflejan a las personas más bellas de lo que realmente son. Las revistas y los medios publicitarios no pueden prescindir de la imagen fotográfica. Casi todas las notas de las revistas son ilustradas con fotos de modelos, no sólo para modas sino para cualquier información sobre diversos temas. Esto se llama **Modelaje Editorial.**

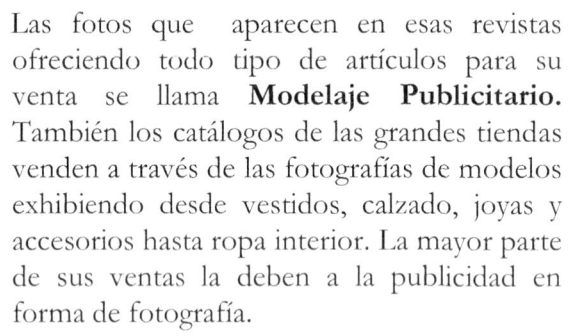

Las fotos que aparecen en esas revistas ofreciendo todo tipo de artículos para su venta se llama **Modelaje Publicitario.** También los catálogos de las grandes tiendas venden a través de las fotografías de modelos exhibiendo desde vestidos, calzado, joyas y accesorios hasta ropa interior. La mayor parte de sus ventas la deben a la publicidad en forma de fotografía.

Para poder ser una modelo de fotografía es indispensable tener antes la instrucción de la pasarela ya que sin el conocimiento de esta técnica la modelo carecería de la gracia y soltura que son necesarias para conseguir una foto atractiva y "vendedora".

El **Modelaje Publicitario** requiere de la modelo un agregado emocional ya que la foto debe expresar un sentimiento de felicidad y bienestar enviando un mensaje subliminal al lector, creándole el deseo de adquirir el artículo promocionado.

Las ilustraciones que se ven en estas páginas son un pequeñísimo ejemplo de la infinita variedad de poses que reflejan estados de ánimo.

Ya sea de pie, sentada o bailando; saltando en el aire o recostada en el piso; vestida de gala o como ejecutiva; navegando o caminando; como mamá joven o novia feliz, la modelo se usa en los anuncios para convencer al potencial comprador de las ventajas de un determinado producto, lo que convierte a las modelos de publicidad en sutiles pero convincentes vendedoras.

No se puede lograr este objetivo con sólo **"saber posar"**. La técnica debe ir acompañada del sentimiento. Una radiante expresión del rostro no se puede lograr si no va acompañada de la expresión corporal y para lograr expresión hay que sentir.

Personalmente creo que quien elige esta carrera es porque sabe instintivamente que sólo necesita un maestro de modelaje que la guíe (como este curso), para manifestar el talento innato que la motivó a elegir esta carrera.

En las próximas páginas se encuentran una serie de poses que deben aprenderse de memoria. Cada una de ellas sirve de base para diferentes fotos, sin olvidar el propósito que esa pose inspiró.

El fotógrafo por su parte irá tomando las fotos en movimiento hasta que crea que ya tiene suficiente material.

En modelaje las fotos son tomadas en acción y no en actitud estática. Si se encuentra con

un fotógrafo que le pide que pose y se quede "congelada", "con la mirada hacia allá", "la barbilla hacia aquí" y "la boca cerrada o sonriente", ése no es la clase de fotógrafo que una modelo necesita. Un fotógrafo de Modas le va a pedir movimiento y expresión.

Las poses que verán a continuación servirán de ayuda a la estudiante para sentir y transmitir estados de ánimo a través de sugestivos nombres que la motivarán a expresar los sentimientos sugeridos por esos mismos nombres.

Una vez aprendidas estas poses de memoria, la estudiante debe usar su propio criterio para diferenciar entre la técnica de aprendizaje y el uso de las poses en su vida profesional.

Cada pose estará siempre determinada por el tipo de ropa que se exhiba. Cuando se adquiere experiencia las poses "nacen" natural y espontáneamente.

Apuntes:

POSE BÁSICA

Esta pose es la base de donde parten todas las demás. La técnica es la más sencilla de todas:

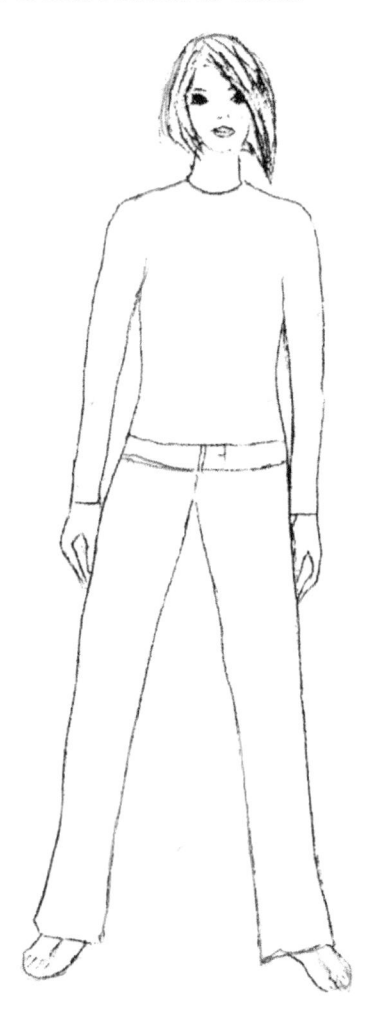

Los pies separados, puntas "hacia afuera". Cabeza erguida, caderas adelante, hombros en su lugar. Los brazos, con la posición que la ropa le inspire.

El peso del cuerpo debe estar distribuido por partes iguales en cada uno de los pies.

Esta pose combinada con la sexta posición de brazos, se convertirá en audaz, desafiante o atrevida, dependiendo del tipo de ropa que se use

Apuntes:

POSE CLÁSICA

Se le llama **Clásico** a todo aquello que **nunca** pasa de moda y esta pose nunca pasará de moda.

No se tiene conocimiento sobre quien fue el visionario que por primera vez notó que la figura de la mujer se estilizaba, a la vez que proyectaba una imagen de elegancia con esta pose.

Desde principios del siglo XIX ya se pueden ver dibujos y fotos de modelos en esta forma de pararse, que es la base y ejemplo de la colocación de los pies en cada paso al caminar.

Demás esta decir que la Pose Clásica es la más usada para mostrar cualquier tipo de ropa: casual, deportiva, de gran vestir, de noche y de gala.

Su técnica, como se vio en las primeras clases de postura y caminado ya debe ser habitual en la estudiante:

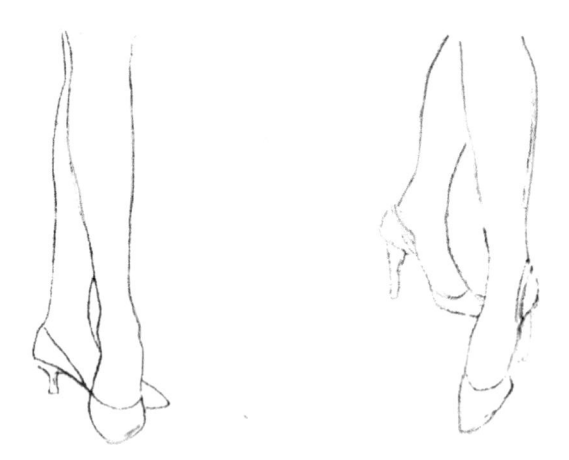

- Coloque un pie delante del otro depositando todo el peso del cuerpo en el pie de atrás.

- La rodilla del pie delantero cubre la rodilla de la pierna de atrás.

Esta pose, preferida de los creadores de modas, queda bien con todo tipo de ropa y con cualquiera de las ocho posiciones de brazos, sus variantes y combinaciones.

Apuntes:

POSE SOFISTICADA

Esta pose, también llamada "C" es la más delicada y femenina que existe en el modelaje.

La figura de la modelo adquiere un movimiento armonioso, ideal para mostrar vestidos de gala.

Sin embargo también puede utilizarse con todo tipo de ropa. Para realizarla identificaremos a las piernas y sus pies, como "A" y "B".

- De pie en la pose básica deposite todo el peso del cuerpo sobre la pierna "A".

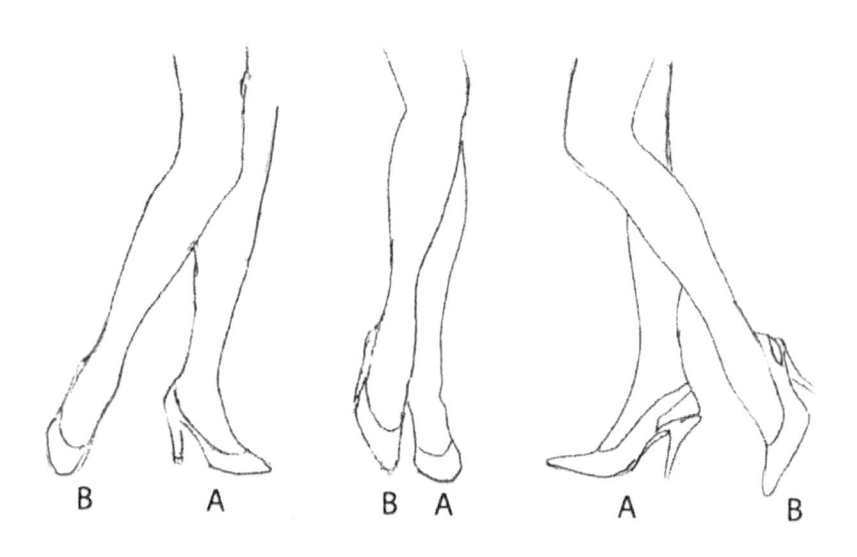

- Junte la rodilla "B" a la rodilla "A" encimando la "B" sobre la "A" casi tapándola. El pie "B" se mantiene en el piso como apoyo, en la punta de los dedos.

• La pierna "A" que mantiene el peso del cuerpo, empuja la cadera hacia su mismo costado formando el cuerpo la línea curva de la letra "C".

• Las rodillas pueden quedar separadas, pero siempre como queriendo juntarse. En este caso se empuja la cadera hacia el costado de la pierna que soporta el peso del cuerpo para formar la línea de la letra "C".

Apuntes:

POSE INFORMAL

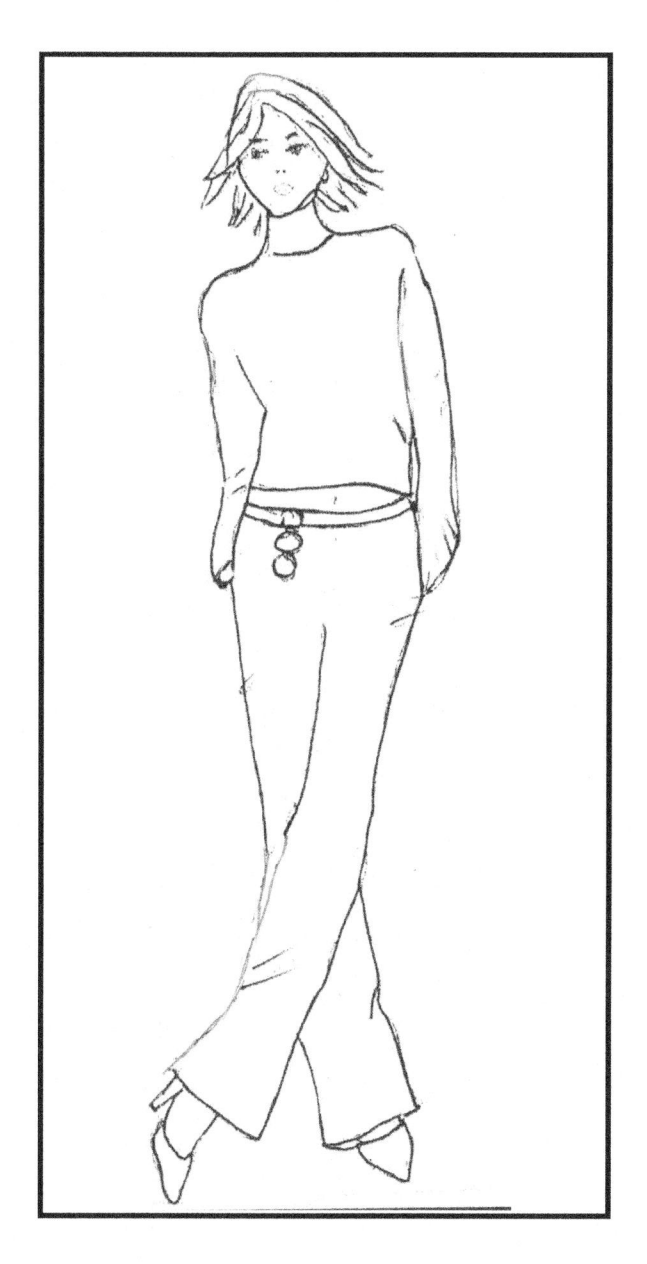

Esta pose, como su nombre lo indica, expresa una actitud informal, casual o despreocupada, sin perder elegancia.

- Para lograr esta simpática pose debe depositar todo el peso del cuerpo en una de las piernas.

- La otra pierna se cruza por delante, sirviendo de apoyo para mantener el balance.

- La posición de brazos ayudará a expresar una actitud de descanso y comodidad.

- Esta pose es ideal para ropa casual y sport.

Apuntes:

POSE INOCENTE

Esta pose, muy usada en la década de los 60, vuelve a la moda en una versión más atrevida.

Aún hay diseñadores que opinan que la inocencia todavía es valedera y continúan creando una moda aniñada.

Como se ve en las ilustraciones su técnica es muy sencilla:

- Párese derecha con sus pies juntos y las rodillas fijas.

- Si los pies van separados, las puntas se inclinan hacia adentro.

- Los brazos generalmente a lo largo del cuerpo o juntando las manos en el frente o en la espalda.

- Esta es una pose ideal para vestidos sencillos y aniñados.

- La actitud debe ser infantil e inocente como el nombre de esta encantadora pose.

Apuntes:

POSE SEDUCTORA

Las nuevas generaciones pueden pensar que esta pose fue creada para mostrar la parte posterior de los jeans. Sin embargo la Pose Seductora ya fue usada por modelos a principios del siglo pasado para mostrar los generosos escotes que dejaban la espalda desnuda. Esta moda de los años 1920 y 1930 en la actualidad sigue usándose con el propósito de enfatizar la "parte baja" de la espalda a través de los prácticos jeans.

La técnica es muy sencilla:

- Párese de pie en la Pose Básica, de espaldas al fotógrafo.

- Con un movimiento de cintura, gire su cabeza mirando intencionalmente a la cámara.

- El propósito de esta pose es mostrar detalles en la espalda.

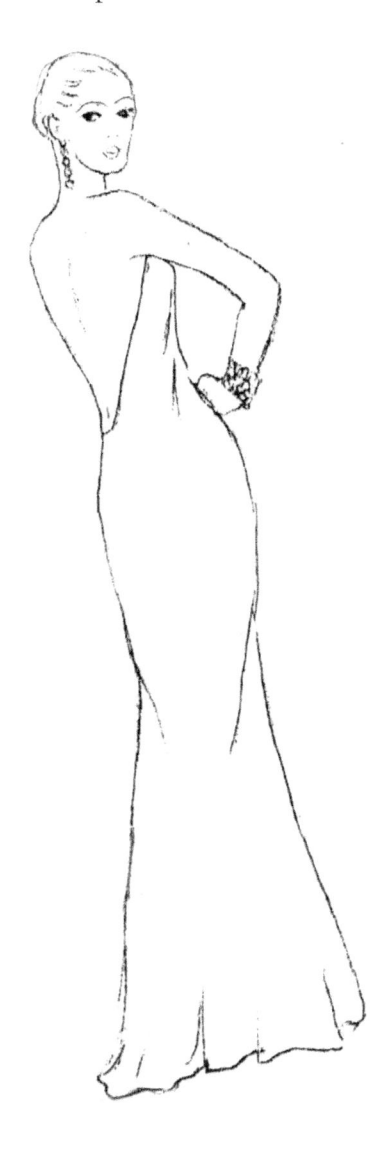

- La actitud ?, … súper seductora…

Apuntes:

POSE MODERNA

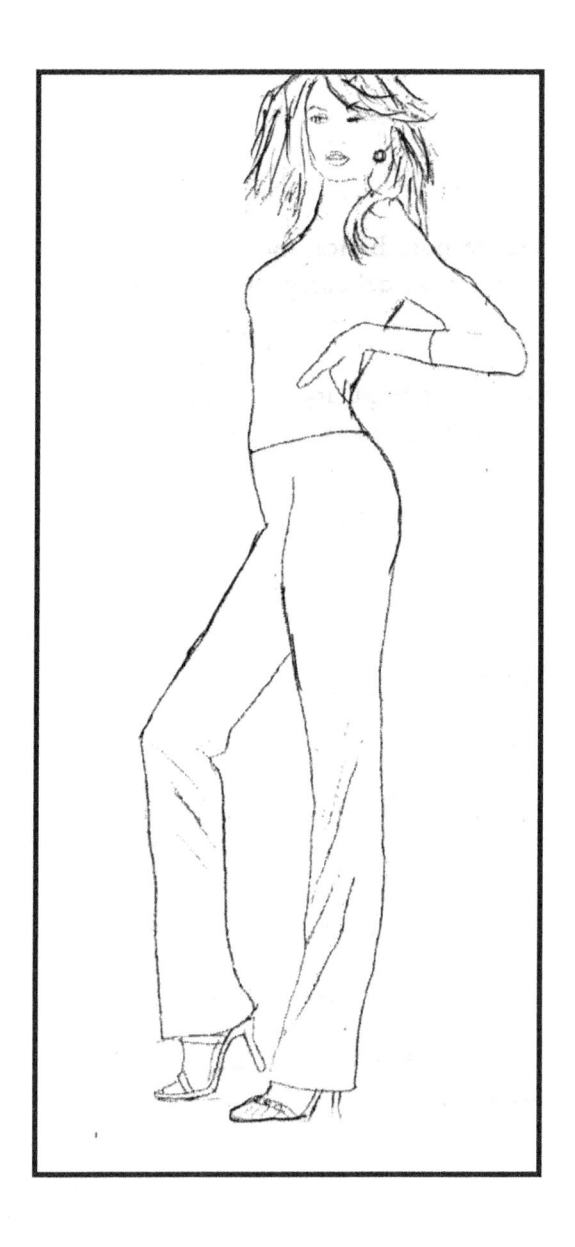

E sta pose fue creada en la década de los 70 cuando la mujer comenzó a usar pantalones para toda ocasión y toda hora del día.

Su técnica:

• Partiendo de la pose Básica, incline la rodilla derecha hacia afuera y reparta el peso del cuerpo por partes iguales en ambas piernas.

• La pierna izquierda empujará la cadera del mismo lado exageradamente hacia la izquierda y hacia atrás.

• Levante el hombro derecho formando una línea oblicua con la cadera opuesta.

• Esta es una pose asimétrica, cuyo objetivo principal es expresar la actitud dinámica de la mujer actual. Por eso puede usarse con cualquier tipo de ropa.

• La posición de brazos surge espontáneamente de acuerdo a la actitud de esta moderna pose. En la ilustración se ven dos combinaciones que armonizan con la actitud de esta atractiva pose.

Apuntes:

CONCLUSIÓN

Ahora que ha terminado su entrenamiento básico y ya es una experta en la técnica del modelaje, es cuando realmente comienza su carrera en este fascinante mundo.

Quizás Usted pertenezca al grupo de estudiantes que deciden incursionar en el Modelaje porque esta carrera ofrece una vida glamorosa de fama y fortuna, conociendo gente importante, viajando y quizás encontrando al millonario "Príncipe azul" que la llenará de costosos regalos y la convertirá en su esposa.

No hay nada de malo en pensar de este modo porque todo lo dicho puede suceder. Sin embargo si quien lee estas líneas pertenece al grupo mencionado, es mi deber informarle que entonces esta carrera no es para Usted.

Porque si bien, todo lo anterior puede ser factible en esta profesión, el objetivo de este curso es preparar a la estudiante para que sea una verdadera profesional ejerciendo una carrera que le ofrece oportunidades como las mencionadas anteriormente, pero que también requiere una gran fuerza de carácter, seriedad, responsabilidad y algunos sacrificios.

Digo sacrificios porque una verdadera modelo profesional debe renunciar a la vida normal de cualquier joven que no ejerza esta profesión. La palabra modelo es sinónimo de ejemplo y como tal las modelos deben lucir radiantes de salud y belleza pero nadie puede lucir espléndida al día siguiente de una trasnochada. Este es UNO de los sacrificios que una verdadera modelo profesional debe hacer para obtener el reconocimiento, respeto y admiración que inspiran muchas de las supermodelos internacionales que han logrado llegar a la cima a fuerza de renunciar a ciertos placeres de la vida por un verdadero amor a la carrera que eligieron.

Esta es una carrera para jóvenes con deseos de triunfar pero que sean capaces de sacrificar entretenimientos y distracciones propias de la juventud, en pos de su profesión.

Definitivamente esta es una carrera de desafíos, pero que tiene la recompensa de ganar en dólares cifras de hasta cuatro dígitos por hora! y sobre todo es una carrera que la obliga a estar siempre sana y bella por el resto de su vida.

SOBRE LA AUTORA DE ESTE LIBRO

MARTA MEIRA (1936-2012), nacida en Argentina, fue una profesional con extensa experiencia en la preparación de jóvenes que aspiran a convertirse en "Mannequins Vivants" o que sólo desean mejorar su imagen y enriquecer su personalidad. Marta Meira dio sus primeros pasos por el mundo del modelaje cuando el destino la puso frente a Yves Saint Laurent, quien aún era asistente de Christian Dior y recorría el mundo seleccionando jóvenes para ser parte del grupo de modelos de la famosa Casa Dior.

Desfilando para famosos diseñadores de modas argentinos y europeos, empezó a concebir la idea de crear una escuela con un nivel de enseñanza al estilo de los más reconocidos institutos europeos de refinamiento, agregando la técnica del modelaje de pasarela.

De este modo imaginó que se podía lograr la "modelo perfecta", combinando la gracia del comportamiento social con el arte de modelar, lo que daría como resultado una experta modelo en las pasarelas y una gran dama en los círculos sociales.

Esta idea se hizo realidad al radicarse en los Estados Unidos, donde fundó la primera Escuela de Modelaje y Buenos Modales que llevó su nombre, convirtiéndose desde entonces en pionera en este tipo de enseñanza y haciéndose merecedora de importantes premios y honores otorgados por reconocidas organizaciones internacionales, entre las que se cuenta la "WORLD MODELING ASSOCIATION" ("ASOCIACIÓN MUNDIAL DE MODELAJE), que la eligió en distintas ocasiones como la mejor escuela del mundo basándose en el nivel de enseñanza y en la calidad profesional de sus egresadas.

También el HALL DE LA FAMA la situó en el primer lugar por la educación y formación de exitosas modelos a nivel internacional.

Además fue honrada con las LLAVES de la CIUDAD de MIAMI en reconocimiento a su labor educacional realizada en beneficio de la sociedad.

En 1994 Marta Meira se trasladó a Europa desde donde a través de la "International School of Elegance" continuó su labor poniendo a disposición de las jóvenes de todo el mundo sus conocimientos en el Arte del Modelaje a través de su obra "MODELO DE MUJER" que está dedicado a todas sus alumnas, las que ansiaban poseer estas enseñanzas en forma de libro para legarlo a sus hijas.

A través de este trabajo Marta quiso enviar un mensaje de agradecimiento a todo su alumnado, porque de todos los honores recibidos, el más valioso para Marta Meira fue el testimonio de cientos de estudiantes que hoy son triunfadoras no sólo como Modelos, sino también como Administradoras de Empresas, Diseñadoras de Modas, Periodistas, Arquitectas, Diplomáticas, Abogadas, Médicos, Cantantes, Artistas de Cine y Madres o Esposas que aseguran que lo que hoy son, lo deben al haber tenido el privilegio de recibir este curso, que las transforma nada más y nada menos que en Modelos de Mujer.

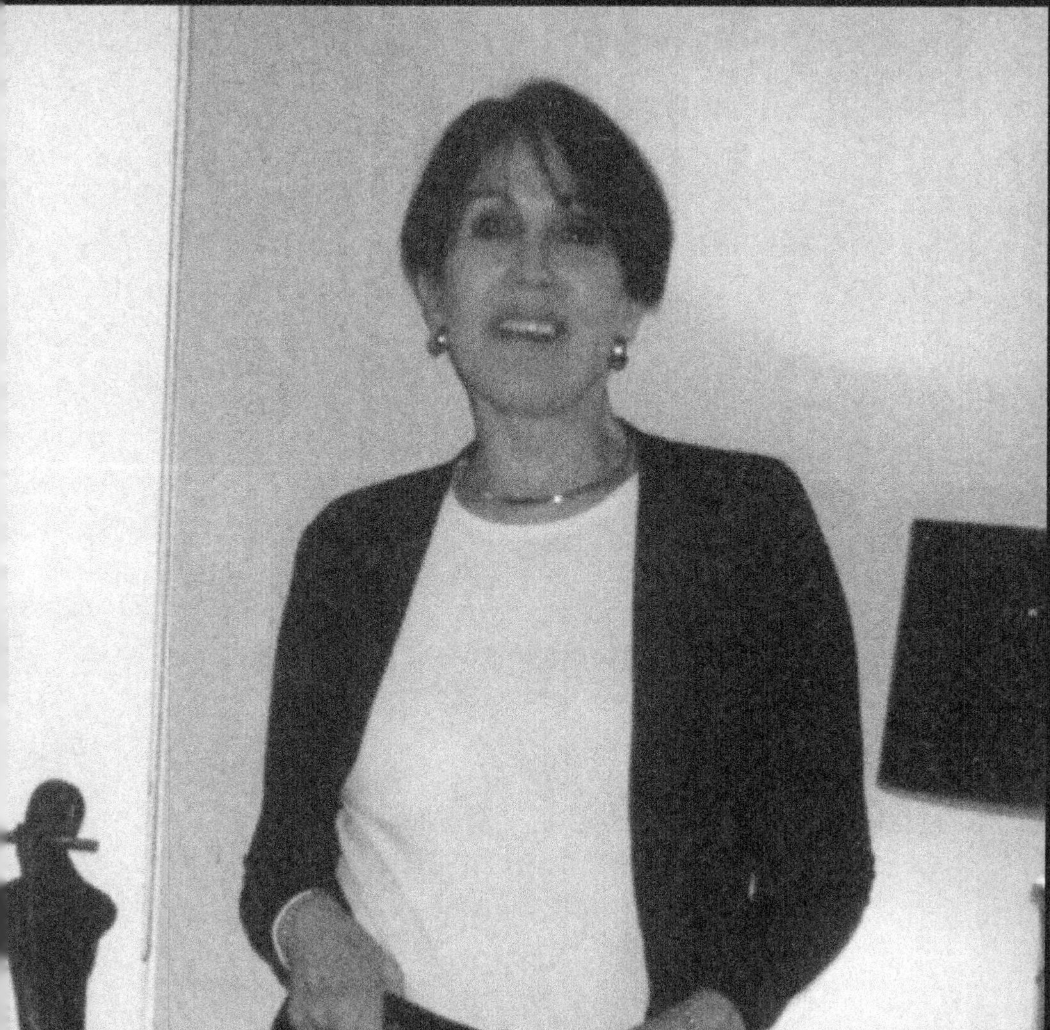

Este libro está destinado a aquellas lectoras cuya meta sea convertirse en Modelos de Alta Costura, es decir Modelos de pasarela.

Se concentra en la enseñanza de la técnica del Modelaje de Alta Moda y además enfatiza la instrucción de aquellos detalles únicos y especiales, que ayudarán a hacer realidad los anhelos de aquellas jóvenes que ansían formar parte del glamoroso y excitante mundo del Modelaje Profesional.

En Francia esta modelo se llama Mannequin Vivant (maniquí viviente). Ninguna modelo comercial o de fotografía puede considerarse completa sin haber obtenido primero los conocimientos necesarios para convertirse en Mannequin, conocimientos que la capacitan para dedicarse a cualquier rama del modelaje.

En éstas páginas se enseñan las técnicas que se necesitan para que la lectora pueda convertir en realidad sus sueños. Cualquiera sea su aspiración, las enseñanzas que encontrará en estas páginas le darán el impulso que la transportará al éxito, convirtiéndola en una verdadera modelo profesional.

La autora de este libro, MARTA MEIRA, quien fuera una de las modelos preferidas de Yves Saint Laurent, fue una profesional con extensa experiencia en la preparación de jóvenes que aspiran a convertirse en Mannequins. Cientos de exitosas modelos que siguieron sus enseñanzas atestiguan el éxito de este programa.

Miami, Palm Beach, New York, Houston, París, Milán son algunas de las ciudades donde jóvenes modelos entrenadas con este programa mostraron su sobresaliente preparación desfilando profesionalmente para diseñadores como Valentino, Adolfo, Bill Blass, Christian Dior, Chanel y muchos otros y posando para revistas como "Vogue", "Bazaar" o "W".

Printed in Great Britain
by Amazon